O TIGRE EM CASA
E
A CAÇA DO TIGRE

(uma antologia poética)

O TIGRE EM CASA
E
A CAÇA DO TIGRE

(uma antologia poética)

Eduardo Lizalde

Tradução de Plínio Junqueira Smith

Copyright © 2011 Eduardo Lizalde

Publishers: Joana Monteleone/Haroldo Ceravolo Sereza/Roberto Cosso
Edição: Joana Monteleone
Editor assistente: Vitor Rodrigo Donofrio Arruda
Revisão: Haroldo Ceravolo Sereza
Projeto gráfico, capa e diagramação: Sami Reininger

CIP-BRASIL. CATALOGAÇÃO-NA-FONTE
SINDICATO NACIONAL DOS EDITORES DE LIVROS, RJ

L765t

Lizalde, Eduardo, 1929
O TIGRE EM CASA E A CAÇA DO TIGRE: UMA ANTOLOGIA POÉTICA
Eduardo Lizalde; tradução de Plínio Junqueira Smith
São Paulo: Alameda, 2011.
112p.

Tradução de: *Nueva memoria del tigre (poesía 1949-1991)*
ISBN 978-85-7939-083-8

1. Poesia mexicana. I. Smith, Plínio, 1964-. II. Título.

11-1622.   CDD: 868.99211
                   CDU: 821.134.2(72)-1

025309

Alameda Casa Editorial
Rua Conselheiro Ramalho, 694, Bela Vista
CEP 01325-000 São Paulo – SP
Tel. (11) 3012-2400
www.alamedaeditorial.com.br

Sumário

Umas palavras do autor   09

Introdução   11

De *O tigre em casa*   21

I. Retrato falado da fera: 23
    Epitáfio
    O tigre
    Recordo que o amor era uma suave fúria
    Que tanto e tanto amor apodreça, oh deuses
    Samurai
    Dorme o tigre
    A armadilha

II. Grande é o ódio: 31
    Grande e dourado, amigos, é o ódio
    E o medo é uma coisa grande como o ódio
    Se eu não as tivesse descoberto
    Ainda que uma pessoa creia que o terror

III. Lamentação por uma cadela: 37
    Monelle
    A cadela mais imunda
    Morde a cadela

Não se conforma com fincar os dentes
Que baixos cobres devem existir
É cadela, sim
Alguém acharia que, terminado este poema
Lavo a mão, amada

IV. Boleros do ressentido: 43
    O amor é outra coisa, senhores
    A verdadeira morte é esta morte solitária
    Amada, não destruas meu corpo

V. A festa: 47
    Amada:
    Magna et pulchra conventio
    Leões

De *A raposa doente*   51

I. A raposa: 53
    Cuidado, sectários
    À maneira de um certo Pound
    Perdão, querido Karl
    Revolução, estendo a mão
    Poema
    Povo
    Opus zero
    Atenção ativistas
    Revolução
    Neste parque Caim anda brincando com seu
irmãozinho
    Spot
    Carta urgente ao criador do universo
    Para um romântico

II. Quem inventou este jogo? 63
    Amor
    A bela implora amor
    Outra vez Monelle
    O sexo em sete lições
    Belíssima
    Amor

De *À margem de um tratado* 73

    Analíticos
    Quase um encontro
    Não podes, rosa, coincidir com teu rosa
    Isto é falso, isto é bom
    Parece que tudo está acabado
    O homem
    Quando digo *te amo*
    Dilema do gato
    Gatos II
    Galáxia um
    Esta rapariga é boa
    Uma aberrante tautologia do ser
    Hieroglyphenschrift
    Sozinha, somente a ausência de um providente Deus
    Cartilha de Lúcifer
    Do sentido do mundo
    Todos os caminhos levam a Ludwig (Wittgenstein)

De *Tabernários e eróticos*   91

Socráticos e aberrantes
Bravata do fanfarrão
Espalhamo-nos no leito
Estava esse dia inspirado
Zona Central
Profilaxia
Deus te dê sorte
Tem ela certa classe de beleza

De *Rosas*:   99

A rosa é como um leão recém-nascido
A rosa é a campeã em pistas de cem metros
Rosa
Rosa e doutor angélico
A branca é como sempre a donzela eleita
Vive a pobre rosa o dia
A rosa velha
O sonho da rosa, por sua parte
Levantas, rosa, a coroa radiante
A mariposa branca vagueia
Rosa, desordenas o bosque
A rosa branca enlouqueceu

UMAS PALAVRAS DO AUTOR

COMO EU JÁ O HAVIA DITO a meu culto e inteligente tradutor e antologista Plínio Junqueira Smith (que em seu nome mesmo reúne a herança de três grandes culturas e línguas), não tenho muito que acrescentar a esta admirável versão brasileira de meus poemas, na qual Plínio, filósofo e poeta ele mesmo, desdobrou sua penetrante perícia de leitor, seu sentido natural das línguas e seu impecável ouvido poético.

Não posso senão agradecer de igual modo a introdução, repleta de generosidade, e a acertada seleção de poemas que, creio também, são característicos de meus livros mais lidos no México pelos antes escassos críticos e aficionados do gênero que existem em meu país e em outros (os leitores em sua maioria o são, hoje em dia, das novelas em voga, más e boas).

Ver-se e ouvir-se publicado na grande língua de Camões, de Pessoa e de Machado de Assis ou Guimarães Rosa, pela mão perita e culta de um lúcido leitor como Plínio Junqueira Smith, é como iluminar-se, refrescar-se e renascer em um desconhecido e admirado mundo musical e um vasto território literário que honrará sempre pisar a qualquer poeta ou escritor de minha língua, filha histórica ontem e irmã hoje da portuguesa.

Eduardo Lizalde
Cidade do México

INTRODUÇÃO

EDUARDO LIZALDE, nascido em 1929, é um dos grandes poetas mexicanos do século XX. Recentemente, em uma pesquisa, foi apontado como o melhor poeta mexicano vivo, tendo recebido o Prêmio Iberoamericano de Poesia Ramón López Velarde, entre outros. Segundo Octavio Paz, Lizalde mudou o cenário poético mexicano com "seu olhar-bisturi cirúrgico, olhar de moralista, olhar apaixonado", e cada um de seus livros, "cada vez com maior precisão e limpeza não isenta de piedosa ironia, é uma operação sobre o corpo da realidade." Em sua longa trajetória, Lizalde progressivamente amadureceu sua poesia, concebendo diferentes ideias e expressando diferentes emoções, não raro com grande originalidade e profundidade.

Em sua juventude, Lizalde fez uma série de experimentos poéticos, em particular a criação e participação no movimento auto-intitulado "poeticismo", que valorizava sobretudo os aspectos formais e estéticos do poema. Datam dessa época, que vai de 1949 até cerca de 1955, inúmeros poemas avulsos. O próprio Lizalde, em um longo texto, "Autobiografia de um fracasso: o poeticismo", cuidou de fazer uma auto-crítica, bastante severa aliás, dessa sua primeira produção. Um dos problemas principais seria a ambiguidade resultante do trabalho excessivamente formal. Em seguida, em diversos livros (*A má hora, Odessa e cananéia, O sangue em geral*), Lizalde passou a uma poesia de denúncia social. Tendo sido militante do Partido Comunista Mexicano, desiludiu-se, posteriormente, com ele. Parece ser um lugar comum dizer que o poeticismo e a poesia engajada não constituem o melhor momento da poesia lizaldeana. De fato, normalmente se diz que sua poesia demorou para florir e somente com *Cada coisa é Babel*, de 1966, ele iniciou sua produção mais fecunda.

O livro de Lizalde que realmente chamou a atenção do público foi *O tigre em casa*, de 1970. Nesse livro, considerado um dos melhores da poesia mexicana, no qual o desespero e a tristeza nas relações amorosas são evidentes, a linguagem lizaldeana ganha a força, precisão e clareza que lhe são peculiares. É impossível não sentir a grandeza da descrição do tigre, animal plástico que representa o ser humano em suas várias facetas e relações; é impossível não reconhecer o impacto de seus poemas sobre o ódio, ódio que constitui a única prova da existência de alguma coisa; é impossível permanecer impassível diante da mordacidade da série de poemas "Lamentação por uma cadela". Os poemas escritos a partir de 1970 (em *A raposa enferma, Caça maior, Outros, Tabernários e eróticos, Bitácora do sedentário*) aperfeiçoam seu estilo inconfundível e garantem o lugar de destaque que o poeta ocupa no cenário poético de seu país. Sua escrita clara e vigorosa, sua linguagem precisa e irônica, suas constantes referências às cantinas tradicionais e populares, à vida cotidiana e difícil, ao corpo delicioso e decadente, ao sexo e ao amor sem ilusões, suas contundentes críticas à ideia de revolução colocam a sua obra na contra-mão da poesia mexicana. Sinceridade, franqueza e honestidade são marcas da poesia lizaldeana, a qual recusa qualquer hipocrisia. Nota-se, certamente, uma espécie de pessimismo em boa parte dos poemas desse período de Lizalde, sempre misturado com fino humor e distanciamento crítico, característico de quem pensa meticulosamente e sem ingenuidade sobre a condição humana, mais do que a sofre irrefletidamente. Com frequência, o recurso ao humor determina a interpretação do poema, surpreende o leitor, permite a elaboração exata da ideia e da emoção expostas, depurando-as, e, sobretudo, quebra o pessimismo, dando-lhe um tom todo particular. Lizalde consegue misturar, com raro equilíbrio, a sinceridade do sentimento e a força da emoção e da paixão com a sutileza fria do intelecto, produzindo uma análise penetrante da realidade humana.

Nem há de ignorar-se suas eruditas referências, explícitas e implícitas, a grandes poetas, mexicanos ou não. A produção desse período justifica a afirmação de que sua poesia é herdeira da poesia maldita, sobretudo a poesia maldita francesa, e mostra também sua ligação com o grande poeta mexicano López Velarde. Aliás, o próprio Lizalde se encarrega de indicar sua filiação a López Velarde, a quem considera "o pai e o avô da poesia contemporânea mexicana": "López Velarde ensinou-me também a nomear o mundo cotidiano e o mundo das pequenas coisas. Através dele, eu os vi de outro modo." É curioso notar que o próprio Lizalde não faz referências, em seus poemas e mesmo na prosa de *Tabuleiro de Divagações*, a poetas e escritores brasileiros, ainda que os conheça bem, como a Machado de Assis, Manuel Bandeira, Oswald de Andrade, Guimarães Rosa e Clarice Lispector, entre outros. Em certos momentos, Lizalde repete e insiste em certas palavras, lembrando a técnica de João Cabral de Melo

Neto. Também não lhe são desconhecidos poetas contemporâneos, como Haroldo de Campos e Ferreira de Loanda. Além disso, é um admirador de Fernando Pessoa. Com efeito, Lizalde cita Pessoa frequentemente, não raro usa versos de Pessoa como epígrafe e chega mesmo a publicar traduções de seus poemas.

Lizalde tem, ainda, poemas de temáticas e preocupações muito diferentes, como em *Rosas*, cujo tema é a beleza, em particular a efemeridade – e a enfermidade – da beleza e seu caráter quase sagrado, situando-se como que entre o domínio humano e mortal e o domínio eterno e divino. Alguns desses poemas, escritos para serem lidos em uma reunião com dezoito poetas, foram posteriormente publicados em uma coletânea organizada pela revista *Vuelta*, e presidida por Octavio Paz. Outra obra bastante peculiar é *À margem de um tratado*, talvez o mais intelectualizado conjunto de seus poemas, cujo tema é basicamente a lógica e o sentido do mundo, sendo escrito a partir de alguns aforismas do *Tractatus logico-philosophicus* de Wittgenstein, um dos maiores filósofos do século passado (esses poemas retomam, à sua maneira, *Cada coisa é Babel*, um livro também bastante filosófico). Cabe mencionar, por fim, o livro *Terceira Tenochtitlán*, escrito em dois momentos distintos (1983 e 1999), em que Lizalde escreve sobre a Cidade do México. Todos esses poemas atestam a envergadura e diversidade da poesia de Lizalde.

Sua produção inclui também a prosa. Já nos referimos ao texto em que Lizalde faz a autocrítica de sua fase de juventude. Há, ainda, alguns contos, em *A câmara,* como "A morte do jardim" e "Os costumes". O mais significativo de sua obra em prosa parecem ser os textos reunidos em *Tabuleiro de divagações*

I e *Tabuleiro de divagações II.* Esses textos recobrem uma enorme gama de assuntos, sendo compostos, basicamente, por comentários a escritores, poetas, pintores, filósofos etc., ou a temas como arte, partidos políticos, movimento estudantil de 1968; em suma, são reflexões, observações e críticas à vida cultural, política e social do mundo contemporâneo. Lizalde é, portanto, dono de uma obra vasta, rica e profunda, digna de leitura atenta e cuidadosa.

E, entretanto, Lizalde é praticamente desconhecido do público brasileiro. Essa é uma falha que deve ser corrigida. A fim de que se possa ter uma ampla ideia de sua produção poética, optamos por fazer uma antologia.

O primeiro critério de seleção foi, naturalmente, a qualidade intrínseca dos poemas. Em seguida, procuramos selecionar poemas retirados de diferentes obras, de modo que o leitor brasileiro pudesse ter uma ideia da amplitude dos temas tratados por Lizalde, bem como de sua evolução poética, com exceção de sua fase inicial. Não nos pareceu necessário que todas as obras estivessem presentes em nossa antologia; bastava que poemas de diferentes obras já propiciassem essa visão geral da poesia lizaldeana. Entretanto, como o próprio Lizalde nota, na breve introdução à *Antologia impessoal,* "não é fácil para o autor comprimir livros de poemas concebidos como unidades, como séries traçadas em torno de um tema ou vários." Também não é fácil para o tradutor fazer essa seleção. Com efeito, cada livro de Lizalde apresenta uma unidade, revelando coerência na sua composição. Por outro lado, os livros apresentam séries discretas de poemas, razoavelmente autônomas umas em relação às outras. A solução pela qual optamos foi, então, traduzir um maior número de poemas no interior de uma mesma série, em vez de traduzir poemas dispersos em séries diferentes, já que os poemas de Lizalde ganham força no interior da série a que pertencem. Finalmente, tivemos preocupação com a acessibilidade do poema ao público brasileiro. Por exemplo, poemas que fazem referência às cantinas mexicanas ou o livro *Terceira Tenochtitlán* são de mais difícil acesso a quem desconhece essas cantinas ou a história da Cidade do México e, por isso, não foram traduzidos.

Concentramo-nos, assim, em *O tigre em casa* e em *A raposa enferma*, como os livros mais notáveis de Lizalde e que marcaram, como já dissemos, sua imagem como poeta. Esse é o núcleo desta antologia e, a nosso ver, deve ser o núcleo de qualquer antologia que pretenda introduzir o leitor na poesia de Lizalde. Escolhemos vários poemas das primeiras séries de *O tigre em casa* e de *A raposa enferma* e deixamos de lado poemas das últimas séries. Não traduzimos os poemas de *Caça maior,* já que esse livro, certamente excelente, constitui um imenso poema e separar alguns poemas, ainda que preciosos, poderia dificultar a sua compreensão. Além desse núcleo, selecionamos uma gama de outros poemas que devem permitir uma apreciação mais completa da obra de Lizalde: de *Tabernários e eróticos*, pois aqui Lizalde tem uma visão positiva do amor, do sexo e do corpo humano; de *À margem de um tratado*, a fim de mostrar o aspecto filosófico e metafísico de sua poesia; de *Rosas*, onde se encontra a discussão mais extensa sobre a beleza.

Não escapará, certamente, à sensibilidade do leitor que o ritmo dos poemas é um dos principais elementos poéticos da escritura lizaldeana. Lizalde afirma: "Busquei um ritmo meu. Do ponto de vista formal, não creio na poesia prosaica, porque o equilíbrio dos acentos dá o sentido sonoro ao poema." A metáfora é outro recurso forte na sua poesia. Para descrever os mais variados aspectos da condição humana, Lizalde recorre à zoologia com rara felicidade: tigres, leões, cobras, aranhas, mariposas, símios, cães, gatos e outros animais comparecem para dar um colorido todo particular aos seus poemas; e a presença de deuses e do divino imprime nesses uma força expressiva ímpar.

Além disso, a poesia de Lizalde tem uma linguagem clara, transparente e direta. Seus poemas falam mais ao intelecto do que à sensibilidade: as ideias têm valor supremo, as emoções vêm filtradas pela luz da razão e a forma poética é antes o veículo de expressão dessas ideias e emoções do que um mero jogo ou experimento em si mesmo, como era o caso em sua primeira fase, com o "poeticismo". Preservar a ideia e a emoção expressas poeticamente é o que a tradução deve propiciar, no caso da poesia de Lizalde, e a melhor maneira de preservar a ideia cristalina e a emoção exata é fazendo, sempre que possível, uma tradução literal.

Aproveito esse assunto para mencionar razões de ordem pessoal que me levaram a traduzir a poesia de Lizalde, uma aventura certamente arriscada e cheia de dificuldades. Além do fascínio que seus poemas exerceram sobre mim – e da oportunidade que eu gostaria de dar aos outros de sentir o mesmo prazer estético e intelectual –, uma das melhores maneiras de ler e aprofundar-se na obra de alguém é justamente traduzi-la. Para traduzir, é preciso prestar atenção em todos os aspectos dos poemas, pensar sobre eles, considerar alternativas, ir ao dicionário, consultar amigos, ler e reler à exaustão. Isso é reconhecido pelo próprio Lizalde, em um belo texto sobre Rilke, aplicando-se com perfeição ao meu caso. "Todo escritor sabe que ler ou tentar ler textos literários em outra língua já é, por si mesmo, tentar traduzi-los. E quando a língua alheia é próxima à nossa prática de leitores, ou somos capazes de lê-la quase como a propria, a tentação, sobretudo no caso da poesia, de conseguir versões ideais, que superem para nosso gosto e ouvido aquelas que temos à mão, costuma ser irresistível. Além disso, empenhar-se a fundo na tradução, mesmo que frustrante, de um poema magistral é tarefa fascinante e rigorosamente literária. Traduzir é, já se disse até à saciedade, a única maneira de ler profundamente um autor e o único caminho para desentranhar os mecanismos e acertos antes invisíveis, às vezes os defeitos formais ou as características discutíveis de sua obra." Terminada a tradução dos poemas e lendo-os prontos em português, o tradutor (eu, pelo menos) tem a paradoxal, e talvez ilusória, sensação de compreendê-lo, por fim, pela primeira vez. Traduzir é, ainda, uma maneira de exercitar e aprender a lidar poeticamente com sua própria língua.

Eu gostaria, finalmente, de agradecer a alguns amigos: a Guillermo Hurtado, que me apresentou a poesia de Eduardo Lizalde e me sugeriu o título desta antologia, ajudando-me nesta introdução e na tradução de alguns versos; a João Vergílio Gallerani Cuter, que, tendo lido a tradução de *À margem de um tratado*, incentivou-me decisivamente a realizar esta antologia. E eu gostaria de agradecer ao próprio poeta, Eduardo Lizalde, que acompanhou a elaboração desta antologia desde o princípio, forneceu informações para a introdução e corrigiu-me em vários pontos da tradução, sempre de maneira extremamente gentil e amável.

O TIGRE EM CASA
(1970)

I. Retrato falado da fera

1. EPITÁFIO

Somente duas coisas quero, amigos,
uma: morrer,
e duas: que ninguém se lembre de mim
senão por tudo aquilo que esqueci.

2. O TIGRE

Há um tigre em casa
que dilacera por dentro quem o olha.
E somente tem garras para quem o espia,
e somente pode ferir por dentro,
  e é enorme:

maior e mais pesado
que outros gatos gordos
e carniceiros pestíferos
de sua espécie,
e perde a cabeça com facilidade,
fareja o sangue mesmo através do vidro,
percebe o medo até da cozinha
e apesar das portas mais robustas.

Costuma crescer de noite:
coloca sua cabeça de tiranossauro
em uma cama
e o focinho fica pendurado
para lá das colchas.
Seu dorso, então, se aperta no corredor
de uma parede à outra,
e somente alcanço o banheiro rastejando, contra o teto,
como que através de um túnel
de lodo e mel.

Não olho nunca a colmeia solar,
os negros favos do crime
de seus olhos,
os crisóis da saliva envenenada
de suas presas.

Nem sequer o cheiro,
para que não me mate.

Mas sei claramente
que há um imenso tigre encerrado
em tudo isso.

3.

> *"Li isso, penso, imagino;*
> *existiu o amor em outro tempo."*
> *Será sem valor meu testemunho.*
>
> *Rubén Bonifaz Nuño*

Recordo que o amor era uma suave fúria
não expressável em palavras.
E mesmamente recordo
que o amor era uma fera lentíssima:
mordia com seus caninos de açúcar
e açucarava o coto ao arrancar o braço.
Isso sim recordo.
Rei das feras,
matilha de flores carnívoras, ramo de tigres
era o amor, segundo recordo.

Recordo bem que os cães
se assustavam ao ver-me,
que se eriçavam de amor todas as cadelas
ao somente olhar a auréola, cheirar o brilho do meu amor
– como se eu o estivesse vendo –
Recordo-o quase de memória:
os móveis de madeira

floresciam ao toque de minha mão,
me seguiam como grandes
efeminados e magros rios,
e as árvores – mesmo sem serem frutíferas –
davam por dentro ressentidos frutos amargos.
   Recordo muito bem tudo isso, amada,
agora que as abelhas
caem à minha volta
com o ventre carregado de excremento.

4.

Que tanto, mas tanto amor apodreça, oh deuses;
que se perca
tão incrível amor.
Que nada reste, amigos,
desses mares de amor,
destas verduras pobres das eiras
que as vacas devoram
lambendo o outro lado do céspede,
lançando a nossos pastos
as manadas de hidras e lagostas
de suas línguas quentes.

Como se o verde pasto celestial,
o mesmo oceano, salgado como arenque,
fervessem.
Que tanto e tanto amor
e tanto voo entre uns corpos

à simples abordagem do seu leito, se desabe.
Que somente uma munição de estanho luminoso,
uma bala pequena,
um perdigoto inócuo para um pato,
derrube ao mesmo tempo todos os bandos
e dilacere o céu com suas plumas.

Que o ouro mesmo estale sem motivo.
Que um amor capaz de transformar o sapo em rosa
se destroce.

Que tanto e tanto, uma vez mais, e tanto,
tanto impossível amor inexpressável,
nos torne tontos, macacos sem sentido.

Que tanto amor queime suas naves
antes de chegar à terra.

  É isto, deuses, poderosos amigos, cães,
crianças, animais domésticos, senhores,
o que dói.

7. SAMURAI

Sem que o tigre me advirta
logro entrar em casa.
A fera dorme:
eludo o charco de sua baba negra.
Em meu sigilo, sou invisível quase;

descalcei-me, inclusive,
das plantas dos pés
junto ao umbral.
A jiboia construída em aros de compacto silêncio,
a jararaca de vidro lubrificado,
são, junto a mim, o estrondo.

Mas o tigre adivinha.
Como na selva isolada de estertores constantes,
de ruídos automáticos,
os olhos de suas vítimas
olham por ele quando dorme:
  descobriu minha presença
  na intranquilidade traidora e cantante
  do canário.

9.

Dorme o tigre.
O sangue deste sonho,
goteja.
Molha a pele dormida do tigre real.
A carne entre os molares
exigiria mil anos de mastigação.

Desperta faminto.
Olha-me.
Pareço-lhe, sem dúvida, um inseto insosso,
e volta ao céu íntimo
de seu sonho vermelho.

12. A ARMADILHA

Esvazia-se a armadilha de ouro,
sobredourada – o ouro sobre o ouro –,
por esperar inutilmente o tigre.

Ouro no ouro, o tigre.
Incrustação de carne em fúria, o tigre.

Mina de horror. Chaga fosforescente
que atravessa o sangue
como o peixe ou a flecha.
Rastro de sol.
A selva se ilumina, abre seus olhos
para ver passar a luz do tigre.
E na sua vez, Midas, as folhas, olhos,
flores desprevenidas, cascavéis adormecidas,
ramos a ponto de nascer,
libélulas douradas por si mesmas,
gemidos de filhotes,
douram-se, platinam-se.

E o tigre passa, diante da armadilha absorta,
amada,
e a armadilha o olha, dourando-se, passar;
a fera fareja, talvez,
a insolente isca convertida em rubi,
lambe seus brilhos secos de aparente suco,
pisa em vão a enrijecida
mola de cristal ou nácar
da armadilha inerme agora.

Escapa o tigre
e a armadilha fica
como a boca de ouro
da criança diante do mar.

II. Grande é o ódio

1.

Grande e dourado, amigos, é o ódio.
Tudo o que é grande e dourado
vem do ódio.
O tempo é ódio.

Dizem que Deus se odiava em ato,
que se odiava com a força
dos infinitos leões azuis
do cosmos;
que se odiava
para existir.

Nascem, do ódio, mundos,
óleos perfeitíssimos, revoluções,
tabacos excelentes.
Quando alguém sonha que nos odeia, somente,
dentro do sonho de uma pessoa que nos ama,
já vivemos no ódio perfeito.

Ninguém vacila, como no amor,
na hora do ódio.

O ódio é a única prova indubitável
da existência.

2.

E o medo é uma coisa grande como o ódio.
O medo faz existir a tarântula,
torna-a coisa digna de respeito,
embeleza-a em sua desgraça,
cancela seus horrores.

O que seria da tarântula, pobre,
flor zoológica e triste,
se não pudesse ser esse tremendo
manancial de medo,
esse punho cortado
de um símio negro que enlouquece de amor.

A tarântula, oh Becquer,
que vive enamorada
de uma tensa magnólia.
Dizem que mata às vezes,
que descarrega suas iras em coelhos adormecidos.
   É certo,
mas morde e descarrega suas tinturas internas
contra outro,
porque não consegue morder seus próprios membros,
e parece-lhe que o corpo daquele que passa,
aquele que amaria se o soubesse,
é o seu.

3.

*Com o seu grande olho, o sol
não vê o que eu vejo*

Keats

Se eu não as tivesse descoberto,
partindo o gato em dois,
abrindo nozes,
fuçando pelas veias,
Deus não teria se inteirado destas coisas,
para a sua criação ocultas,
perfeitamente ocultas.
Destas coisas terríveis
como ratazanas obedientes
ou vidros comestíveis.

Outro Deus antagônico forja-as,
em seu mundo gêmeo de gêmeos,
cego da cegueira,
banhado por suas nuvens de suor.
Sua segunda matéria armada em ocos.

E estas coisas existem sem meus olhos,
sem os olhos de Deus,
existem sozinhas,
gotas de tinta no deserto,
incriadas.

Deus se esquece delas a marteladas,
sonha em seu esquecimento,
no que não se deve a tantas perfeições:
  e olha suas mãos sem polegares.

4.

Ainda que uma pessoa creia que o terror
é somente a peúga da ternura
posta do avesso,
seus pastos não são esses.
Não estão aí os comedouros
do terror.
A ternura não existe senão para Onã.
E ninguém é misericordioso
senão consigo mesmo.

Ninguém é terno, nem bom,
nem grandioso no amor
mais que para suas vísceras.
A cadela sonha que dá amor para seu filhote,
goza amamentando-o.
Reino é a solidão de todas as ternuras.
Somente o terror desperta os amantes.

III. Lamentação por uma cadela

1. MONELLE

Também a pobre puta sonha.
A mais infame e suja
e rasgada e néscia e torpe,
fodida, manca e surda puta,
sonha.

Mas escutem isso,
autores,
bardos suicidas
do dezenove atroz,
do vinte e de seus assassinos:
  somente sabe sonhar
  ao mesmo tempo que
  se corrompe.

Essa é a chave.
Essa é a lição.
Eis o caminho para todos:
    sonhar e corromper-se a um só tempo.

2.

A cadela mais imunda
é, a seu lado, nobre lírio.
Vende-se por cinco contos
a qualquer um.
É prostituta vil,
raposa malandra,
e já tinha a alma podre
aos quatro anos.

Mas seu pior defeito é outro:
    sou para ela o último
    dos homens.

3.

Morde a cadela
quando estou dormindo;
arranha, quebra, escava
fazendo de seu focinho lança,
para destruir-me.
    Mas achará outra cadela dentro
    que geme e cava faz vinte anos.

4.

Não se conforma com fincar os dentes
nesta mansa mão
que derramou méis em seu pelo.
Não lhe basta ser cadela:
  antes de morder,
  molha as presas
  na latrina.

5.

Que baixos cobres devem existir
por detrás dessa aurífera coroa!
Que chagas verdes
sob as polpas úmidas
de sua pele de esmeralda!

Que desprezível cadela pode ser esta,
se deveras me ama!

6.

É cadela, sim,
mas seus filhos serão lobos,
seus netos, hienas,
seus bisnetos...

7.

Alguém acharia que, terminado este poema,
gasta no papel tanta tinta azul envenenada
– catarsis e tudo isso –,
seria mais clara a cara das coisas,
ritmado o trote do poeta,
recém banhado o tigre,
voltado ao arquivo a ordem,
o gato, aos telhados.

Mas a dor prossegue contra o texto,
nutrindo-se das carnes
como o cão caduco e cego
que desconhece o dono, à noite,
ou então, o amo alcoólico
que maltrata com pauladas sua cadela
enquanto ela (oh, tristes!)
lambe
a dura sombra que a esmaga.

8.

Lavo a mão, amada,
no amor das mulheres,
e a mão doura-se, agradecida,
torna-se joia.

Antes coto, e garra ou tronco,
doura-se a mão
nesses páramos de mel.

Mas, depois de quatro dias ou cinco,
seis, no máximo,
volta a escorrer por minhas unhas
esse líquido amargo e pestilento
que tua pele de loba
destila ao ser cortada.

IV. Boleros do ressentido

3. O AMOR É OUTRA COISA, SENHORES

Uma pessoa imagina,
desde a infância,
que o amor é coisa favorável
posta em hendecassílabos, senhores.

Mas o amor é exatamente o contrário do amor,
tem seios de rã,
asas de porco.

Mede-se o amor pelo ódio.
É legível nas entrelinhas.
Mede-se por obviedades,
mede-se amor por metros de loucura corrente.

Todo amor é sonho
– o melhor áureo sonho da prata –.
Sonho de alguém que morre,
o amor é uma árvore que dá frutos
dourados somente quando dorme.

4.

A verdadeira morte é esta morte solitária,
ausente de si mesma,
como uma árvore que cresce
durante o sono.
A solitária infame morte
de quem morre dormido.
A morte simples
de um homem sozinho, no meio
do terreno baldio do seu corpo;
de uma mosca (perdoem-me)
na metade de sua merda.

Seria mais útil vivo
– vá lá, revolucionário –.
Faria uma nova vida,
se tivesse rodas.
Mas ao seu próprio sangue resiste o corpo.
Repele seu amarelo
a pura urina mansa do princípio.
Essa é a morte, amada.
Apagará comissuras na hiena,
fará do leão um cachorrinho.

Devemos aceitá-la, como se aceita um pão,
uma maçã,
podres, certamente.

5.

> Senhor meu Deus: não vá
> querer desfigurar
> meu pobre corpo passageiro.

> López Velarde

Amada, não destruas meu corpo,
não o quebres, não toques seus flancos feridos.
Não me machuques mais.
Dói-me o cabelo ao pentear-me.
Dói-me o alento.
Dói-me o tato de uma mão na outra.

Não destruas meu corpo
pensando em suas misérias:
doendo a perna solta
ele se destrói sozinho, amada,
como se crescesse na direção de uma lança
cravada na cabeça.
Já me destroço, olha, não me firas,
solta a arma, detenha-te,
não penses mais, não odeies,
dá-me somente uma trégua;
deixa de respirar duas linhas do meu ar,
para que se corrompa em paz esta carniça.

V. A festa

6.

Amada:
Já que um museu do bem
seria uma simples galeria deserta,
pode-se pôr um pouco de esterco no poema.
Não importa que haja piolhos incrustados
nas listras deste raio puríssimo de sol.
Bastará que o raio, salpicado e assonante
com suas imperfeições
– como o longo pelo de um jaguar
que vai do branco ao negro
a cada dez centímetros –
consiga iluminar o ponto em que descansa o olho.

Alguma joia interna em decomposição
deve ter o galgo
que perfura o ar de suas velocidades.
Um vazio de figuras
terá o óleo de Staël.
Um poro sem reflexo existirá na água.
  Assim a virgem, não o será inteiramente,
desde o princípio.
Parte de prosa deve ter o verso.

  Cegueira ou lepra repousam precisamente
aqui, como a porta em seus cimentos de cupim.
Os deuses remexem em suas calças,
sem que ninguém os veja,
os vazios enraizados nos bolsos.

  A pomba mesma oculta
todas suas bombas biliares sob plumas
  distraídas.

A pomba é também uma granada sem gatilho.

8. *Magna et pulchra conventio*

Hoje me produz vômitos
pertencer a este planeta,
mas que se entenda bem: somente por hoje,
somente esta vez.
Não me tomem por contrarrevolucionário.

Somente por umas horas.
É preciso compreender.
Não me importa, por hoje,
pertencer ao bando escuro
ou claro dos homens.
Há de tudo na festa.
Toda espécie de dança é cultivada.

Somente sinto desta vez
uma vontade muito doce,
vontade enjoativa
de matar um homem
– poderia ser eu mesmo –
ou uma mulher,
por nada, sem motivo,
como um supremo luxo irrealizável.

Vontade terrível
de que nossas sagradas assembleias
de rãs que se enlameiam
e cangurus que grasnam
estourem como o ventre
do percevejo guloso.

Mas isso é tudo, amada.
Simplesmente por hoje,
ainda que não constitua precedente,
como um relâmpago sujo
contrário aos princípios essenciais,
por esta vez, insisto,

somente por meia hora,
ponho o estômago para fora,
pela boca evacuo,
somente por ver um traje ou uns poemas
tecidos pelos homens.

9. Leões

Foi muito ruim, amada,
viver com um faminto.
O faminto não sabe o que come:
somente devora, mata o fruto que ingere.
Destrói ao seu redor
como um compasso de sarna
e de barbante.
Mata, redondamente, ao amar.
Percorre o páramo incolor
do comestível,
engole e rumina ozônio, luz, carne e pedras brutas
igualmente.

Melhor, amada,
os expulsos da festa,
os doces magnos leões satisfeitos
do zoológico,
esculturas de ferocidade absorta
– vinte quilos de carne tenra ao meio-dia –.
Melhor com leões.

A RAPOSA DOENTE
(malignidades, epigramas,
inclusive poemas)
(1974)

I. A Raposa

CUIDADO, SECTÁRIOS

Surdos, odeiem este livro.
Isso incrementará minhas regalias.

À MANEIRA DE UM CERTO POUND

Se eu pudesse dizer tudo isso em um poema,
se pudesse dizê-lo, se deveras pudesse,
se dizê-lo pudesse,
se tivesse o poder de dizê-lo
    Que poema, Senhor!
Quem te impede, rapazinho?

Anda: desnuda-te, para que mais melindres,
que classe de hipócrita janota queres ser,
lança a rima e a moral ao inodoro,
anda, circula.

Que grande poema
que poemão seria!
Se pudesse, ao menos, se pudesse
pôr a primeira letra,
laçar como uma vaca esse primeiro conceito,
se pudesse começá-lo,
se conseguisse, malditos,
quando menos, segurar a pena.
Que poema!

PERDÃO, QUERIDO KARL

A corda estará sempre
no pescoço de alguém.
O Estado é eterno.
O homem será sempre
o lobo astucioso do homem.
A famosa mais valia e seus vampiros,
p sobre v e tudo isso,
seguirão chupando, de algum modo,
sangue humano.

Ai, santo camarada! Ai, Cristo enorme!
não há destino bom entre nós.

Somente uma esperança:
que o homem volte
sobre seus passos turvos,
que o pé percorra músculos acima
seu próprio perônio,
sua tíbia horrenda;
que volte até aquele macaco
que hoje se parece com ele,
que volte àquela coisa que ele não era,
ou então, sucumba inteiro
– pasto, ele mesmo seu Átila –,
e outros melhores, menos inumanos,
somente formigas talvez,
ou flores somente, que saibam de seu talo
– outro ensaio do homem, em poucos termos –,
assumam seu lugar no volante.

Revolução, estendo a mão

Revolução, estendo a mão
e, às vezes, tu a mordes.
Sou individualista,
mas o mundo não é belo.
Somente o idiota, o louco e o canalha
pensam que o mundo é um jardim
onde floresce uma esmeralda
com sabor de pêssego.
Olha, estou contigo, a sério.
Como poderão ferir-te,

pedra secular,
umas poucas palavras minhas?
Nem os tiranos mais abjetos caíram,
jamais, pela literatura.
Escuta: come um pouco, tranquila,
da minha mão.
Não é veneno esta pobre palavra deprimente,
de raposa enferma,
que te dou.

POEMA

Este poema
Irritará alguém.

POVO

Se o povo lesse este poema,
jamais entenderia
que se trata de um poema.

OPUS ZERO

O poema não começa.
Termina aqui.

Atenção ativistas

O principal dever
de um revolucionário
é impedir que as revoluções
cheguem a ser como são.

Revolução

*Quando Homero morreu, sete cidades
reclamaram
seu corpo,
e pelas sete pediu esmola em vida.
(Assim era, mais ou menos, o antigo
epigrama.)*

a Pasternak
a Daniels e Sinyavsky
a José Revueltas

Mãe, eu já sei o que você pensa.
Quebro pedras em tua honra
e deixo de escrever.
Talvez eu deixe de pensar.
Mais tarde, séculos adiante,
quando tenha sido heroicamente fusilado
– a guilhotina está em desuso –
ou ridiculamente
excluído somente das antologias
como inimigo da Revolução,

traidor, cão
e agente do imperialismo,
revisionista infame,
espião do século dezenove
ou simples mentecapto,
  alguém dirá que meus poemas
  são o fértil fruto
  da Revolução.

Neste parque caim anda brincando com seu irmãozinho

Queridos assassinos
deste lado e daquele e daquele outro:
  tudo anda sobre rodas.
Se são expostas boas razões históricas
e convincentes desculpas estratégicas,
já não há delito para perseguir.
Explica-se a fome de duzentos
ou trezentos – dá igual –
milhões de pessoas
– quem não se entristece com tudo isso –,
justificam-se barrigas arrebentadas
e viventes ossários de pitorescas crianças
  de cor
– coisa que também sincera e tristemente lamentamos
  todos –.
Sigam seu curso e deixem as pessoas falarem,
como dizia aquele grande.

Sigam-no, senhores.
Terão a última junta de alto nível
no inferno, e nossa história
tratará suas almas mui ternamente,
espero.

Spot

O fim do mundo está próximo.
Tu podes assistir ao grande *show*,
a entrada é gratis.
Tu não precisas sequer mover-te do teu lugar:
serás destruído aí mesmo,
onde te encontres,
com toda tua familia.

Carta urgente ao criador do universo

                              Para don Sergio Méndez Arceo

Afortunadamente, Deus,
afortunadamente para ti,
não existes.
Se tu houvesses te misturado neste horrendo assunto,
se existisses.
Grande era o risco:
teriam te julgado em Nüremberg
como criminoso de guerra,

com outras inocentes e alemãs
criaturinhas tuas
e como o principal entre os delinquentes,
o lobo entre os lobos.
Somente o papa Pio XII
(sempre tão piedoso como seu apelativo)
confabulado ternamente com os nazis,
por puríssima bondade seguramente,
e docemente aliado com as piores causas,
  teria te defendido.
Que coisas terias passado!
Terias – estou intimamente persuadido –,
abjurado
da filosofia tomista
e ostentado
tua caderneta do partido comunista antes oculta,
e terias criado em Auschwitz
uma suntuosa câmara de gás,
com outra cruz no meio,
para autoexecutar-te
e autocrucificar-te sozinho frente ao mundo
com tua estrela infamante de judeu
pendurada no pescoço.

Que *reprise* do Gólgota, meu Deus!

Que encerramento para o Novo Testamento!

É somente um belo sonho,
mas de boa vontade

eu teria posto o punho e o polegar para baixo
em tua presença,
porque, mesmo sem existir,
tu és o verdadeiro responsável,
e exatamente por isso
– creio que o disse algum russo –,
porque tu cometestes a vileza espantosa
de não existir,
tudo está permitido.

PARA UM ROMÂNTICO

Se as flores perdem a razão
quando tu as contemplas,
se como em séculos anteriores
se desfolham ao tocá-las,
se ao tato morrem,
se não respondem claramente
quando tu as interrogas,
a razão te assiste:
estás enfermo
e o mundo está construído
para tua desgraça.
O mundo tem exatamente, cruel,
a forma do teu sofrimento.

II. Quem inventou esse jogo?

Amor

A regra é essa:
dar o absolutamente imprescindível,
obter o máximo,
nunca abaixar a guarda,
dar o *jab* no momento certo,
não ceder,
e não lutar a curta distância,
não entregar-se em nenhuma circunstância
nem trocar golpes com o supercílio aberto;
jamais dizer "te amo", a sério,
ao adversário.

É o melhor caminho
para ser eternamente desgraçado
e triunfante
sem riscos aparentes.

A BELA IMPLORA AMOR

Tenho que te agradecer, Senhor
– de tal maneira todo-poderoso,
que lograste construir
o mais horrendo dos mundos –,
tenho que agradecer-te,
por me ter feito tão bela,
e especial.
Que tenhas construído para mim tais polimentos,
tal rosto rutilante
e tais olhos estelares.
Que tenhas dado a minhas pernas
esses arredondados grandiosos,
e este voo fino a minhas cadeiras,
e essa doçura à forma,
e estes mármores túrgidos ao peito.

Mas tenho que te odiar por esta perfeição.
Tenho que te odiar
por essa perícia torpe de teu excelso cuidado:
  construiste-me à tua imagem inumana,
  perfeita e repelente para os imperfeitos
  e me deste
  a cruel inteligência para percebê-lo.

Mas Deus,
acima de tudo,
sangro de fúria pelos olhos
ao odiar-te
quando vejo de que modo primitivo
te nutrias ao construir-me
em minhas perfeitas carnes inocentes,
pois não me deste somente pulsos de cristal,
mãos preciosas – rosa repetida –
ou pescoço de pomba sem pomba
e cabelos de aureolada girândola
e mente iluminada pela luz
da loucura favorável:
   fizeste de meu corpo um instrumento de tortura,
   transformaste-o em concentrado beijo,
   em carnosa substância de cobiça,
   em armadilha deliciosa,
   em lançadeira que não tece o regresso,
   em temerosa besta perseguida,
   em chave somente para trancar por dentro.
Como dizer-te claramente o que fizeste, Deus,
com este corpo?
Como fazer que, ao dizê-las,
ao falar deste corpo e de suas joias,
se amem a si mesmas as palavras
e que se tornem loucas e que estalem
e se quebrem de amor
por este corpo
que nem sequer anunciam ao soar?

Por que não me ter criado, limpamente,
de vidro ou terracota?
Como eu seria melhor, se tu mesmo
não houvesse sido lascivo ao formar-me
– eterno e sujo esposo –
e ao fundir meu bronze em tuas divinas palmas
não me houvesse desejado
em tão selvagem estilo.
Teria sido melhor,
de uma vez por todas,
me ter deixado em pedra,
em coisa.

OUTRA VEZ MONELLE

> *Um pouco mais franceses,*
> *e sereis republicanos*
>
> *Marquês de Sade*

Doces senhoras,
o verdadeiramente desprezível
não é prostituir-se
mas prostituir-se pela metade.

A prostituição, se vai a fundo,
pode ser honesta e defensável,
caso não se disfarce
de simples liberalidade,
grande mundo ou bom refinamento

diplomático.
Não se argumente a miséria
como justificativa,
nem se invoquem
a sopa ou a tuberculose
     das crianças.
Uma puta é um fato contundente
  e respeitável,
· sempre que saiba seu ofício
e seja profissional,
e não se adorne
com ornamentos alheios à sua espécie.

Somente, minhas senhoras,
para concluir este discurso edificante
– não se entusiasmem todas –,
somente é licitamente prostituível
a beleza excepcional:
   somente os deuses e as deusas
   sabem prostituir-se
   com arte verdadeira.

O SEXO EM SETE LIÇÕES

I

Gozo e tortura
que o Tártaro e o Céu
– unha de carne – desempenham.

Ao sexo e sua desordem milagrosa,
a seu perfeito matrimônio
de beijo e abre-latas, sucumbimos.

À glória do sexo,
a seu desenfreado latrocínio,
sua avidez impecável,
  alto, cedemos.

II

E por estar flutuando,
por ser a superfície de espuma na pele,
por ser o mais visível e geral,
por ser o lugar mais comum do paraíso visitado,
o sexo, o evidente,
o que iguala todos,
o essencial – sábia era Eva,
ingênuo Sigismundo –,
por ser o sexo algo tão real,
o único real talvez,
somente existimos e vivemos à sua mercê.
Não é redutível o sexo a números nem à ciência,
não é coisa compreensível,
não é natural nem humano
e a divindade o desconhece.

O real não está sujeito à inquisição.

III

O tempo escasso por costume
e, pelo costume, frágil,
não basta para o amor
e é demasiado para o sexo.

Mas se no sexo medíssemos o tempo
se o sexo – o gozo, melhor dizendo – fosse
uma unidade de tempo,
seria a menor
que o relógio poderia imaginar,
a apenas registrável,
o átomo do tempo.

IV

Nem o impetuoso gozo dos corpos,
nem o carnívoro contato das bocas,
nem as feras sensuais dos dedos,
nem as bochechas ardorosas,
nem o suor refrescante dos peitos
– sua rima encantadora –,
    nem o tato delicioso das coxas
    nem a prata do púbis
    nem as caudas azuis e viris,
são suficientes para o sexo.

A plena saciedade mesma não basta.
Murchos os corpos após o gozo, exaustos,

bebidos um no outro até as plantas,
sonham, despertos, com o sexo.
Somente degustaram, somente começam a ferver.
A saciedade mais absoluta
é sempre, apenas, o princípio.

V

O corpo é sempre virgem para o sexo.
O corpo sempre, Paul, recomeçando.
E o corpo eterno, o rijo eterno corpo
morre antes que o sexo.

VI

E nada de que o sexo
somente com amor é sexo.
O sexo é sempre amor,
nunca o amor é sexo.
O amor não é amor,
o sexo é o amor.
Não há sexo sem amor
mas há amor sem sexo, e não o é.
Todo amor sem sexo é corruptível.
Somente uma advertência:
já é uma desgraça conhecida
que o sexo e o amor não são possíveis
senão com pessoas,
com almas e com corpos de quatro dimensões,
com seres existentes,

e nunca com fantasmas ou sombras passageiras,
muito menos com plantas ou galinhas.

VII e última.

O sexo é uma coisa
que se embelece quando é olhada.
E a prostituição é seu magnífico contrário,
sua negação perfeita,
sua ausência depressiva.
O sexo é este Deus moldado
por sua mais prodigiosa e vil criatura.

BELÍSSIMA

E se um desses anjos
me abraçasse de repente sobre seu coração,
eu sucumbiria afogado por sua existência
mais poderosa.

Rilke, de novo

Ouça-me, belíssima,
não suporto vosso amor.
Olhai-me, observai de que modo
vosso amor danifica e destrói.
Se vós fostes um pouco menos bela,
se tivesses um defeito em algum lugar,
um dedo mutilado e evidente,

alguma coisa ríspida na voz,
uma pequena cicatriz ao lado desses lábios
de fruta em movimento,
uma mácula na alma,
uma pincelada má imperceptível
no sorriso...
eu poderia vos tolerar.

Mas vossa cruel beleza é implacável,
belíssima;
não há uma sombra de repouso
para vossa ofuscante luz
de estrela em permanente fuga
e desesperais de compreender
que até a mutilação vos faria mais bela,
como a certas estátuas.

AMOR

Amam os porcos.
Não pode haver mais excelente prova
de que o amor
não é coisa tão extraordinária.

À MARGEM DE UM TRATADO
(1991-1993)

*The Tractatus has the kind of aloof beauty
which is admired from a distance, like
ancient egypcian architecture.*

*[O Tractatus tem uma classe de reservada —
antissocial — beleza que se admira à distância,
como a antiga arquitetura egípcia.]*

David Pears, Wittgenstein, 1971.

ANALÍTICOS

Poderia ser o amor
– a linha reta –
o caminho mais curto entre dois corpos
somente no caso preciso
de que tais corpos
fossem fixos pontos
no multiforme espaço.
Mas corpos e pontos
não têm casa permanente
nem direção nem horário
em seu universo.

6.41
5.5303

Quase um encontro

Este poema é um espelho   Este espelho é um poema
em que um espelho   em que um poema
se olha   se lê
e este espelho é um poema   e este poema é um espelho
em que o poema   em que o espelho
se lê   se olha
Uma pessoa se olha ao fundo   Uma pessoa se lê na água
sem ler-se   sem olhar-se
Outra se lê na água   Outra se olha ao fundo
sem olhar-se.   sem ler-se.

...alle Rosen sind entweder geld oder rot[1]*...*

6.111

Não podes, rosa, coincidir com teu rosa.

A rosa é amarela, ou não:
a rosa é vermelha, é branca, é rosa.
São suas irmãs todas amarelas
ou brancas?
Rosadas, cor de vinho?
O verdadeiro não é um calo

---

1   ...todas as rosas são ou amarelas ou vermelhas... (N. do T.)

deste aparador,
nem o falso uma greta
  de suas costas de azinheiro.
Rosa, não é prenda tua
a verdade
de teu amarelo ou de teu vermelho.
Não é uma pétala a mais esse vermelhidão
que é somente sangue de tua realidade
e armadilha e morte
do olho que te observa
com suas tintas.

Não, rosa,
tu não és verdade como rosa
de tal ou qual textura,
não se unem as vozes, ao cantar,
do crescer e do viver.
Em inúmeras vidas
te desfolhas ao tempo em que amadureces,
empalideces ou respiras.
Rosa, não podes
  coincidir com teu rosa.

5.632

Isto é falso, isto é bom
e aquele ruivo, cobre.

Qual ciência, irmãos,
como sabem isso tudo?

Não há mais azul, nem falso nem magenta
que o sol daquele que os olha?

Não florescemos, não estamos
                        compreendidos
entre os seres do reino
– oh solipsistas, oh videntes, oh magos –?

Somente somos o muro que retém o jardim.

6.421

PARECE QUE TUDO ESTÁ ACABADO

Moralistas,
cristãos e marxistas,
liberais ou beatos
de grandiosas igrejas e sistemas
– ou simples sindicatos –,
tenho e trago, de verdade,
muito más, péssimas notícias:
a ética não existe
e nossa raça
não possui defesa mais razoável
que a dos coleópteros
ou dos marsupiais.

6.12

O homem,
esta saborosa tautologia do ser,
defende em altos termos sua prole,
cuida de seus filhotes
– diz ele, dizemos –
está contra os genocidas,
a guerra e o fascismo,
o autoritarismo da esquerda.

Mas possui fundamentos muito leves:
Sua alta moral é folhagem poderosa
com raízes de feto.

O que mais, como dizê-lo?
Não somos mais do que focas
ou renas,
formigas presunçosas.

5.61

Quando digo *te amo*
– ou tu o dizes, isso é mais misterioso –,
o que significam essas duas palavras?

 i.   Que existe somente um ato de consciência
      afetivo?
 ii. Que se tal ato existe como único, / gratificante
      ato amatório, / idêntico a si mesmo cada vez que
      ocorre, / é isso o que se pode / como um ato de

amor descrever?

iii. Que se a expressão *te amo* é concebida como
informe / do amatório ato alheio, / é realmente
possível perceber o sentido
– se existe –
de tal informe?

Se a linguagem é tão vaga,
objetável, *privada*?
É-o mais acaso essa linguagem interna
– que é somente interna mas não é linguagem –
das paixões e dos sentimentos
sem ritmo racional
que estala, brota em duas palavras ou mais,
para suprir essenciais carências?
O máximo que uma pessoa descobre
se outra diz *te amo*
é que algo passa lá,
como uma ação frustrada por natureza,
que existe um movimento...
e a primeira pessoa responde então:
eu te amo também,
como opondo
ao planeta invisível que atrai o cego
outro planeta, visível, porém escuro
para o vidente fascinado

5.61

DILEMA DO GATO

> *É possível o caso de um gato deformeque*
> *tenha nascido com cinco caudas...*
>
> *Justus Hartnach*

Eu tive três gatos,
todos com quatro patas e uma elegante cauda.

Esta parece a qualquer um
a lógica do mundo.
Não existe mais: não há outro gênero de gatos,
de lógica felina.

E somente o néscio se perguntaria:
por que não devem ter três patas e três caudas
meus três gatos?
Não seria essa uma composição mais lógica do mundo?
Por que não ser um gato de quatro caudas
e uma pata exclusiva, uma fila de caudas?
Somente o sorridente Wittgenstein leva isso a sério
e diz:
o gato tem a sua forma,
sua natureza,
suas propriedades internas,
mas também poderia ter, digo, *poderia*,
três gatos de três patas e três caudas
e nove gatos

de nove olhos astutos,
estrábicos de 4 e 5, 9 e 7,
de nove unhas cortantes / e nove caudas
– como há chicotes –.
Poderia.
A lógica do mundo é somente
uma ordenadamente bela / obstinada visão.

E eu conheço gente mais complexa
do que todos esses gatos.

3.323

GATOS II

É negro o gato.
Esta mulher é negra.
Mas não o são de igual modo
– a água da linguagem é enganosa –.
São negros este gato, esta mulher
de maneiras distintas,
são diferente arranjo musical da negrura.

Vistos de um modo,
de um ângulo claro do olho ou da língua,
somente a mulher é negra, o gato, branco
– isso de negro é uma forma de dizer –.
Dizemos *negro* do gato
porque o cobre uma pelagem escura.
Somente seria ela negra *como* o gato

— e talvez mais sedutora —,
se a cobrisse poro a poro essa penugem doce
como o gato
— imaginemos esta bela, verdadeira
    mulher de veludo,
  por somente nos consolar, nestas espessuras,
  com alguma imagem arrebatadora —;
e o gato seria negro em seu lugar,
como a dama,
se horrendamente fosse raspado, sob o pelo,
liso e negro e cadencioso como a mulher.
Negro não é negro.
— Isso de *negro* é um cantar —.
O que acontece se dizemos "esta bela mulher",
"este felino belo..."?
— Isso de *belo* é um olhar, e turvas, magras,
fundas, loucas, torpes
são as águas da fala —.

5.64

GALÁXIA UM

À margem da galáxia dos solipsistas
linguísticos e conceituais
estende-se outra:
ilha enorme dos solipsistas amorosos
— que se sentem amados —.
  Se não é comunicável com certeza
a melodia das ideias,

como serão mais as de emoções?
  Ilhas entre as ilhas,
ilhas dentro de ilhas.

                                    6.421
                                     6.41
                                     6.42

Esta rapariga é boa,
belo é aquele templo
e verde, este periquito.

Para quem? Mistérios,
nuvens de letras,
libérrima neblina de rasteiras vozes,
fuligem de nossas cerebrais chaminés.

E se isto ocorre na superfície da água
e nas águas mais baixas da linguagem,
                              augures,
o que passará nas fundas?
o que acontece, filósofos, nas águas
                              profundas?
e no alto mar, profetisas, cassandras, pitonisas?

6.12

Uma aberrante tautologia do ser.
Somente a esta inútil criatura,
a esta insensata fera lhe ocorre pensar,
ter sua lógica, seu dicionário,
sua *Weltanschauung*,[2] seu chuveiro,
sua escova de dentes, seus calções,
seu mundo em poucos termos.
É bom este progresso do homem para o homem.
Esta cultura humana da humanidade,
esta arte do artista.
É bom o homem por ser homem.
Devemos resignar-nos à sem-razão:
toda espécie preserva a vida de seus rebentos
– ou a destrói –
com base em algo sempre, tautologicamente,
órfão de razão.
Homem é o homem.

4.016

HIEROGLYPHENSCHRIFT

A inscrição e seus pássaros,
o desenhado trio que se afasta,
viam o que a paisagem sabia do visível;
encontravam-se mais perto.

---

2   Visão de mundo (N. do T.).

Contempladores e contemplação
mostravam, eram flechas que avançam
– os nomes eram pontos –,
e que feriam a presa daquele olho,
deste ouvido,
contavam bem seu conto
e bem sabiam seu conto,
contavam e cantavam o conto do visto.
   Mais línguas faziam eles, sobrancelhas, traços,
do que algumas altas gírias.
Não eram fala, também flutuante pedra
a decifrar, signos e códigos secretos.
Ludwig acreditava, no fundo, que no caparazão
                       do hieroglífico
já estava a semente, talhada antes da árvore,
louco aborto
de um incesto ideal:
a fala e a pintura.

6.372

Sozinha, somente a ausência de um providente Deus
– ou um reino como o seu –
permite o cinegético exercício
da moral humana.
Se houvesse um Deus tudo estaria perdido,
pois haveria a verdade, e o bem
e a beleza, amplos modelos
em que sonharam os prístinos socráticos.
Dificilmente nascem flores
ou brotam folhas ternas de um talo de cristal.

6.432

CARTILHA DE LÚCIFER

Tudo o que é edificante é reacionário
(que se observem os efeitos).
Somente a aliança com o diabo
leva até deus,
funda seu reino altíssimo.
Não há forças mais ativas
que as forças do mal.
Não há anjos mais puros que os caídos.

O signo de Lúcifer, não o de Caim,
nunca o do pobre Assis
e muitíssimo menos o de Abel.

Do sentido do mundo

> *...o sentido do mundo deve estar fora do mundo.*
> *Tractatus, 6.41*
>
> *As coisas são o único sentido oculto das coisas.*
> *........*
> *O que nós vemos das coisas são as coisas.*
> *Por que veríamos nós uma coisa se houvesse outra?*
>
> *Alberto Caeiro*

O que é o mundo está no mundo:
árvores árvores,
pássaros pássaros.
O que o mundo e seus seres significam,
não está no mundo, não é deste mundo.
Outra coisa seríamos,
outro lugar ocuparíamos
se alguém supremo houvesse dado signo a nossos atos,
avaliado nossos gestos,
codificado nossas plenitudes.
Nada significamos, somente somos,
homens homens,
assentos sentantes,
camélidos camelos,
poeirento pó.
Coisas do mundo.

TODOS OS CAMINHOS LEVAM A LUDWIG (WITTGENSTEIN)

> *O primeiro pensamento que emerge quando é proposta uma lei ética da forma "tu deves" é: e se eu não o fizer?*
>
> Tractatus, 6.422

O anjo e o demônio,
muito nobre pastor,
são siamesas potências,
rosas de espinhos são.
  As palhas do pesebre,
  criança de Belém,
  hoje flores são e rosas,
  amanhã serão fel.
Signos iguais levam,
vagas criaturas são
e não compartem mesa,
nem vinho, com humanos.
Não dão sentido ao mundo,
nem se manifestam,
nem são mais que invisíveis
monstros paralelos.
De bem e mal apátridas.
Maiores, mártires,
– agnósticos, profetas –,
do que supúnhamos
em nossa orfandade.

[Nota sobre os textos da série *À margem de um tratado*: não sou o primeiro a ceder à tentação de fazer referência, em um poema, ao *Tractatus logico-philosophicus* de Wittgenstein, obra irresistível e perfeita que não aspiro a glosar em nenhum sentido, menos ainda no filosófico; e muito menos ainda pretendo acrescentar alguma coisa ao que nela milagrosa e misteriosa e transparentemente se diz. Somente por honradez anoto sobre os poemas as referências numéricas dos aforismos, para cuja leitura consultei a única edição espanhola às mãos (versão bilíngue da Alianza Editorial, com introdução e tradução de Enrique Tierno Galván[3]).]

---

3   O leitor dispõe de uma tradução brasileira: Wittgenstein, L., *Tractatus logico-philosophicus*, São Paulo: Edusp, 1993.

TABERNÁCULOS E ERÓTICOS
(1989)

Para Hilda
Que comigo celebra
Rühmen, das ist[1]

---

1 Isto é, celebramos (N. do T.)

Socráticos e aberrantes

Como sabemos que esta sedutora,
esta criatura indescritível,
é uma bela moça de verdade,
um exemplar genuíno de perfeita,
de única beleza,
se não sabemos o que é o belo em geral?

Não é o saber, Hípias gracioso,
o que permite com certeza e gelo
descobrir a carnosa, incerta luz de tal ternura:
uma tensa coxa, um peito que levanta,
uma doce entreperna,

esta garupa apertada,
a arca deste corpo, um rosto que deslumbra.

É a feliz dor que eles produzem, sem sabê-lo,
em fibras, vísceras ocultas,
líquidos de adâmica inocência.
O universo é oco, está vazio.
Não existem modelos superiores, Hípias.

Somente existe esta beleza ou aquela.

BRAVATA DO FANFARRÃO

Não sou bonito, mas tenho um belo instrumento.
Isso me asseguram quatro ou cinco ninfas
e náiades arteiras – diria o zacatecano –,
que são nessa matéria confiáveis testemunhas
e juízas impolutas.
Diz alguma muito culta e muito viajada
que se deveria fotografar
meu genital trabuco, em tamanho grande,
e exibi-lo no Metrô,
em vez desses anúncios hipócritas
de cuecas sexy para homens.
E acrescenta que esta lança de bom garbo
– são palavras dela –,
de justas proporções e desenho majestoso,
deveria ser esculpida, alçada
em uma praça de alta estirpe,

um obelisco, tal como o de Napoleão na Concórdia,
ou a coluna de Trajano
naquele foro que rima com seu nome.

Eu não me creio essas flores,
mas recebo emocionado a homenagem
de todas estas meninas deliciosas.
Eu celebro.

ESPALHAMO-NOS no leito
e os antigos deuses promíscuos e incestuosos
da Grécia ou da Germânia
morrem de inveja nas alturas,
ficam verdes de furor,
tornam-se impotentes ao olhar-nos.
Fornicamos como deuses, já que não o somos,
e cada novo orgasmo é acompanhado, ao longe,
por tormentas elétricas, e gritos,
e bramidos prodigiosos e irritados
de nossos inimigos celestiais.

ESTAVA esse dia inspirado,
contra sua onipotência e seu costume,
o caprichoso criador do Universo:
construiu-te em um traço de gênio quase humano,
te criou, te modelou,
pôs a assinatura ilegível e indelével
na criatura.

E eu agradeço-lhe,
apesar de meu ateísmo irredimível.

Zona central

As nádegas de uma fêmea bem construída
são obra capital da natureza.
Insondável mistério.
Por que são belas desse modo inquietante,
que cega inteligências,
oprime povos, excita pincéis,
muda o curso do tempo
essas duas nádegas?

Dois puros promontórios de carne inocente,
cuja proporção e forma ninguém estabeleceu.
Duas dunas que atraem pelo que anunciam:
os dois sexos que escondem?
E esses sexos, inócuos ocos, vãos invisíveis,
por que impulsionam à vertigem?
Nunca o saberemos:
mas pode-se mudar de partido político,
de deus, de religião, ao descobri-las,
assim seja na *Playboy*.

Profilaxia

Os amantes se amam, de noite, de dia.
Dão aos sexos lábios e aos lábios sexos.
Chupam, beijam e lambem,
cometem com seus corpos as indiscrições
de amoroso rigor,
molham, lubrificam, melam, agradecem.
Mas, ao concluir o assalto,
cada um escova os dentes com sua própria escova.

Deus te dê sorte

Uns deuses absurdos,
curiosos e desesperados,
dispendiosos e contemplativos,
desocupados e maliciosos,
me beneficiam do alto
com as maiores joias.
Como chega a minhas mãos,
fora de temporada,
tão perfeita beleza?
Eu não tive méritos
para tal privilégio.
Excede meus prognósticos a graça recebida.
Eu celebro.

TEM ela certa classe de beleza
classificada em altos círculos
como uma perniciosa, pura deformidade,
um câncer louco de aparência benigna
e mortais efeitos.
Uma beleza assim e um mongolóide
são igualmente monstruosos.
Alto é o preço.
Deus permita ao saudável contrair o vírus.
Já disse o florentino:
Ecce Deus fortior me...
Eis aqui um Deus mais forte que eu,
vem vencer-me.

Eu, simplesmente, defendo-me do golpe,
me movo no sentido de seu disparo,
faço apenas o *rolling*.

ROSAS
(1994)

I

A rosa é como um leão recém-nascido:
juba macia, garras, presas infantis,
mas é menos inócua do que parece:
detesta os poetas que cantaram
sua irracional beleza
e seu candor clorofílico.
E é criminosa impune, por sua raça inocente.
Jurídica desculpa inobjetável
de seus copiosos delitos,
é sua perfeita e natural anencefalia.
Contam em seu expediente milenar
– todos vítimas suas –,
vários grandes poetas anteriores

à penicilina e à sulfanilamida:
austríacos e franceses,
prerrafaelistas lívidos
da melhor estirpe inglesa
e alguns mexicanos, quase inéditos, claro,
neste continente de rosas mais raras.

Proteger-se das rosas,
cujos talos se quebram de tão doces e esbeltos,
que impunemente esfaqueiam
sobretudo os bardos,
que com inalações inefáveis
são divinos viciados.

IV

A rosa é a campeã em pistas de cem metros,
não é corredora de fundo ou velocista
de distância maiores.
Rainha internacional da beleza,
mas rainha fugaz e inimiga
das longas maratonas à Loren, à Dietrich,
somente concorre bem refrigerada,
ou ao saltar de sua cama para o vaso,
e em torneios que não durem mais de um dia e uma noite.

VI

Rosa,
se carecesses de talo,
te elevarias como um anjo.

VIII

Rosa e doutor angélico

A Ramón Xirau

Sabia a rosa angélica,
desde seu nascimento,
que sua espécie era menos que mortal,
um ponto de existência,
alguma fibra de incomensurável perfeição,
e que céu acima,
e boreais auroras adiante,
até o fundo do Cosmos de entranha inexplorada,
Deus vive aí, como uma rosa de infinitas pétalas,
de eterna e fragrante juventude,
ante a qual se ruborizam,
são enegrecida sombra
as auroras e sóis mais grandiosos e puros.
Deus vive aí, nessas profundezas
e abismos deleitosos,
pulsando e perfumando, envenenando

às vezes, todo o Universo,
pois a rosa é do Ser.

IX

Rosa, livro estelar,
folheiam-te os deuses,
de milênio em milênio,
para saber a chave de sua própria, eterna,
impensável beleza,
forjada em sua criatura.

X

> *A inevitavelmente branca,*
> *sabe sua perfeição...*
> *É uma simpleza perto da água*
>
> *Carlos Pellicer*

A branca é como sempre a donzela eleita,
o ornamento de um friorento Deus que vaporiza
ao falar de suas maiúsculas criações.
E a alva rosa é uma breve,
uma carnosa nuvem
que anda voando baixo e que se apoia
no verde bastão de seu pecíolo
para não produzir um acidente aéreo
de trágicas consequências florais;

porque é bela e o sabe, é etérea,
e é nebulosa, e invisível na névoa,
mas não é aeronauta como a pomba,
nem indestrutível e poderosa como a água.

XIII

Vive a pobre rosa o momento,
como qualquer poeta debutante ou maduro,
e gasta toda a gorda cauda de sua fragrância
no mais curto tempo,
com todo o coração, pois ela mesma
– a rosa escreve às vezes quase com sangue –,
única flor que pulsa, diz um insensato,
é coração vermelho e enfermo,
toda coração, rosa encarnada desde seu nascimento.
Demonstrou-se o fato com estetoscópios
extremamente sensíveis,
dispostos para detectar palpitações
mesmo em seres sem sangue, velhos móveis,
fósseis arbóreos,
e infartos no miocárdio em rosas que agonizam.

XIV

A rosa velha
– faz três dias que a cortaram –
desfolha-se no vaso,

quebra-se, despenca e desconjunta,
e tosse, como Violeta Valéry
– não como Paul –,
naturalmente ao final do quarto ato.
Como o cisne, não canta,
somente morre, e cala,
somente se desfolha e se despluma
como um anjo, um pombinho valente
que se prepara para as brasas.
E sem cantar uma ária,
sem aprender sequer rudimentos
do perfume e da arte excepcionais,
atiram-na à latrina, ao lixo,
como diva frustrada e reprovada
na primeira audição,
como estrela de um dia.

XIX

O sonho da rosa, por sua parte,
é ser de pedra, um perfume esculpível,
pétreo perfume eterno como o dos deuses,
que não existem nem perfumam
e que fedem a leões quando o fazem,
a cães celestiais quando muito.
É nosso mesmo confessado sonho:
assim, a fétida besta cheiraríamos sempre,
a cachorro morto,
para não ceder à segura
catástrofe carnal.

XXI

Levanta, rosa, a coroa radiante
sobre o mais longo talo,
para pôr distância entre a terra
onde haverás de cair
e o baixo céu temporal e aromático
do prado que iluminas.
Pálido pescoço de um frágil grou
descabeçado ao detonar o dia,
será esse talo órfão amanhã,
como o mastro de um barco de pobres pescadores,
que marca o naufrágio de seu casco,
sem bandeira e sem estrela visíveis.

XXV

> *Je te vois, rose, libre entrebâillé...*
> *dont les papillons sortent confus*
> *d'avoir eu les mêmes idées.*[1]
>
> *Rilke*

A borboleta branca vagueia
em torno da rosa,
branca também e aberta faz um instante,
como um espelho cuja imagem

---

1   Eu te vejo, rosa, livre entreaberta... /da qual as borboletas saem
confusas / por terem tido as mesmas ideias. (N. do T.)

não responde ao voo de sua inquieta irmã.
Idêntica em tom e em textura,
algo marfim, a liberada flor
acode à sua gêmea de voo contido;
não se atreve a pousar na criatura,
como em outras florais maravilhas,
e parece olhar o longo pescoço
em que a nunca amada imóvel
sustenta sua coroa.
Nova incursão aérea de reconhecimento:
é real essa coluna que a une à terra
ou é somente um broto verde em que aparenta
que dorme ou que descansa outra volátil,
com suas asas múltiplas?
Dá uma volta no ar, contra seu costume,
consuma uma aeronáutica pirueta
a borboleta confundida:
busca sob suas asas o ligeiro
nunca antes percebido talo ou embasamento
que o voo lhe permite?

Quebra o feitiço um gato
que com o golpe de uma garra leva à terra
as duas distraídas.

XXVI

Rosa, desordenas o bosque,
alteras seus matagais queimados

com tua perfeição,
a ordem sobrenatural de tua natureza
e tua figura,
que Deus desenha para repetir-se
e anular-se em teu centro,
talvez desdizer-se como onipotente,
culpogênico criador arrependido
de suas criaturas imperfeitas,
e para ficar incógnito na terra,
mesmo se brevemente,
dentro de um cesto, de um vaso,
com inocente e rústica aparência.

XXVII

A rosa branca enlouqueceu,
começou a tomar um tom escarlate,
já se põe arroxeada à noite.
Acredita ser uma fogueira e uma deusa,
como tantas vezes lhe disseram,
crê que é verdadeiramente um sol,
a rainha do sistema planetário,
e não a capitã
de seu pobre horto rural.
Deve viver, diz gritando,
somente na antiga e na grande Rodes,
a cidade das rosas.
E proclama que é musa da arte e da pintura,
a ródia arte de Píndaro.

Enfim: o clássico problema
dos poetas indulgentes sem mérito
     – os cantores sem *pitch* –,
e as rosas amadas,
às vezes pelos povos, durante sexênios.
Batizou-me Anacreonte!, diz ao ser internada
no pequeno sanatório, de grades brancas,
para expiar na cadeia o dia de vida
que resta à sua demência.

ESTA OBRA FOI IMPRESSA EM SÃO PAULO NO INVERNO DE 2011
PELA PROL GRÁFICA. NO TEXTO FOI UTILIZADA A FONTE
BEMBO, EM CORPO 10 E ENTRELINHA DE 13 PONTOS.